DU

PETIT JACQUES.

Par Thomas Day.

A PARIS,

Chez T. P. BERTIN, rue de la Sonnerie,
n°. 1, près le Pont-au-Change.

An X. — 1802.

V O I X.

A.

a	*A* mi.
e	Femme imprudemment prudemment pertinemment précédemment violemment ardemment.
ai	Dou*ai*rière.
ao	F*ao*nne p*ao*nne p*ao*nneau.
à	Aller *à* Paris. Aller à Rome.
â	B*â*ton mâtin pâté lâché fâché. Il a tâché. Mâché gâché châtié pâmé.
ha	*Ha*rdi habité habilité habitué haïr halbran hangar havresac harangué haro harnaché harpon harpin brouhaha inhabité.
ah	*Ah* ! Siouah.
he	*He*nnir hennissement.
hâ	*H*â*lé hâté hâtif.

A

(2)

A.

as Le br*as* amas bas cadenas canevas cas galimatias compas coutelas damas échalas fatras frimas galetas gras haras Incas Judas las lilas matras platras ramas repas un tas le trépas Nicolas.

ap Dr*ap* sparadrap.

aps Les dr*aps* les sparadraps.

at Sold*at* achat avocat un béat burat cabat cadenat califat candidat Catinat chat climat colzat combat concordat contrat consulat crachat débat délicat ducat ébat état format goujat grabat grenat incarnat ingrat mandat muscat nacarat notariat odorat plat rachat rat sénat secrétariat seringat tribunat il abat il bat.

ats Les sold*ats* les avocats les cadenats les candidats les chats

(5)

A.

ats   les clim*ats* les combats les contrats les ingrats les mandats les plats les rats.

ât   Le b*ât* le mât le dégât.

âts   Les b*âts* les mâts les dégâts.

ast   Saint W*ast*.

ath   Amur*ath*.

ac   Le tab*ac* un lac l'estomac.

acs   Les tab*acs* les lacs les estomacs.

ach   L'almanach.

achs   Les almanachs.

È.

è   Fidèle élève.

e   Mortel Caleb julep Salep Sep bref chef fief nef item Alfreld actuel annuel continuel cartel colonel intellectuel fraternel cruel criminel éternel manuel individuel ministériel matériel

A 2

È.

e   Pantagru*e*l M*é*nestrel perpétuel ponctuel spirituel universel scapel ouest nord-est zest avec bec échec abject sec grec correct direct infect indirect vertu.

ai   Bal*ai* brai déblai défrai délai étai jai vrai.

ay   Boul*ay* Epernay Bayle.

oi   Roz*oi* foible roide.

œ   *Æ*tna.

ei   P*ei*gne teigne écreigne qu'il feigne qu'il éteigne qu'il dépeigne qu'il restreigne.

ey   Le d*ey* le bey Volney Burney.

œ   Cor*œ*be.

é   Cortége manége collége.

ê   Bête tête fête.

aî   Le m*aî*tre naître paraître.

oî   Conn*oî*tre paroître.

ë   Israël Ismaël Noël Samuël Doëg.

hè   *Hè*re un pauvre hère.

È.

he	*H*erbe hermine hernie hersé.
hai	*H*ain'eux.
hay	*H*ayna.
hê	*H*être.
haï	La *haï*ne.
ès	Gr*ès* progrès congrès profès très-bon près de toi après lui.
es	L*es* soldats mes des tes ses.
ais	Mar*ais* ais biais épais frais niais jamais laquais palais panais punais rabais relais je fais je plais je soustrais je me tais.
ois	Je voul*ois* je parlois je criois je partois je chantois je dansois j'écoutois je répondois j'espérois je respirois je soupirois je pouvois j'éprouvois je répandois.
oîs	Je par*oîs* je reparoîs.
eys	Les d*eys* les beys.
hais	Je *hais* tu hais je hais le mal.
aie	La r*aie* la baie braie coudraie craie ivraie jonchaie laie

A 3

É.

aie   orfr*aie* pai*é* plaie saie taie.

aies   Les r*aies* les baies les braies les boulaies les bambiaies les claies les orfraies les plaies.

aient   Ils chant*aient* ils dansaient ils partaient ils répondaient ils parlaient ils voulaient ils pouvaient.

aye   Que j'*aye*.

ayes   Que tu *ayes*.

ayent   Qu'ils *ayent*.

oie   La monn*oie*.

oies   Les monn*oies*.

oient   Ils dir*oient* ils aimeroient ils danseroient ils charteroient ils tomberoient ils mordroient ils borderoient ils évacnoient ils délioient ils haranguoient ils défioient ils renioient ils parioient ils châtioient ils arguoient ils évaluoient ils continuoient ils remuoient

É.

oient ils ruoient ils restituoient
ils prioient ils oublioient
ils déplioient ils amadouoient
ils décrioient ils trafiquoient
ils refluoient ils secouoient
ils jouoient ils tuoient
ils trouoient ils avouoient
ils échouoient ils déclouoient
ils ébrouoient ils écrouoient.

haie La *haie* du jardin.

haies Les *haies*.

haye La *Haye* (ville).

hayes Des *hayes*.

aid Un cheval très-*laid*.

aids Ils sont très-*laids* tenir les
plaids.

et Un poul*et* archet armet Babet
baquet barbet bidet batelet
bilboquet biquet bosquet
bouquet bourlet bouvet brevet
briquet brochet brouet cabaret
cadet caquet chenet chevalet

È.

et   chev*et* cornet corset couperet couplet crochet déchet discret duvet filet foret furet guet haquet jardinet inquiet livret loquet mulet mousquet navet objet palet paquet parapet parquet piquet pistolet plumet poignet préfet projet reflet regret robinet rouet secret sobriquet toupet trébuchet trajet valet violet.

ets   Les poul*ets* les mets les banquets les batelets les bidets les bosquets les boulets les bouquets les cabinets les couplets les navets les crochets.

ait   Un port*ait* abstrait contrefait forfait imparfait le lait malfait méfait plus que parfait retrait stupéfait un trait il soustrait il se tait il satisfait.

aits   Des port*aits* des forfaits

È.

aits   ils sont contre*faits* des méfaits des traits.

oit   Il voul*oit* il pouvoit il juroit il chantoit il répondoit il parloit il abjuroit il conjuroit il partoit il crioit il prioit il supplioit il consoloit il tournoit il retournoit il considéroit.

ét   Le pr*êt* à intérêt un benêt le prêt du soldat la forêt un protêt. Il est prêt à partir. Un têt un arrêt.

éts   Les ben*êts* les intérêts les forêts.

aît   Il pl*aît* il déplaît.

oît   Il par*oît* il reparoît il disparoît il comparoît.

hait   Un sou*hait* il me hait.

haits   Les sou*haits*.

est   Il *est* bon il est joli il est poli Laforest Ducrest Lancrest.

ept   S*ept* mille.

E.

ez	Passy-*le* -Paris.
egs	Un *legs*.
ecs	Les éch*ecs*.
ect	Le resp*ect* il est susp*ect*.
aix	La p*aix* un porte-faix.
a	Tu paye*ras* tu crayonn*as*.

É.

é   Pâté.

e   Éffet effort.

ai   J'*ai* j'ai soif j'ai aimé j'aim*ai*
j'aimerai j'ai aidé j'aidai j'aiderai
j'ai imbibé j'imbibai j'imbiberai
j'ai brodé je brodai je broderai
j'ai inondé j'inondai j'inonderai
j'ai gardé je gardai je garderai
j'ai grondé je grondai je gronderai
j'ai fondé je fondai je fonderai
j'ai plaidé je plaidai je plaiderai
j'ai soldé je soldai je solderai
un quai le quai de Conti

É.

ai   le quai Malaquais il s'est baigné.

ay   La roche *Ay*mon les quatre fils Aymon.

oi   Fo*i*blir se roidir foiblesse.

œ   *Æ*rope Æsope.

ei   Mal p*ei*gné un peignoir des beignets.

œ   F*œ*tus OEdipe OEnarus.

è   Z*è*lé.

é   Mal v*é*tu têtu fêté un bêta se vêtir il a rêvé il a pêché il a bêché il a prêché.

a*i*   Mon frère a*i*né la gaîté.

ë   No*ë* Noëmi. —

h*é*   *H*érité hélas Hépar Hélicon hérédité Ahénobarbus.

eh   *Eh* mais !

hei   *H*eiduque.

hey   *H*eydenheim.

*é*s   Les pât*és* les dés les cafés les défilés les jurés les fédérés les

F.

és   émigrés les prés les aspérités les bontés les cavités les calamités les dignités les divinités les révoltés les vérités les volontés les pavés les voluptés.

ais   Je sais tu sais.

ée   La journée à la dérobée un scarabée à la béquée une bouchée la couchée une nichée une tranchée bordée abordée coudée ondée une fée araignée cognée poignée saignée clavelée coulée la mêlée volée armée fumée aînée cheminée épée fournée matinée à la pipée poupée chambrée chicorée livrée marée purée soirée jetée montée portée corvée nuée couvée étuvée levée travée la destinée.

ées   Les journées les scarabées les tranchées les bordées les coudées les fées les cognées les araignées

ées

É.

es   les poign*ées* les armées les fournées les cheminées les épées les matinées les marées les soirées les corvées les nuées les destinées.

ent   Ils se récr*éent* ils procréent ils créent.

ie   Elle est g*aie* gaieté.

ies   Elles sont g*aies*.

f   La cl*ef*.

s   Les cl*efs*.

d   Le pi*ed* le bl*ed*.

ds   Les pi*eds* les bl*eds*.

Soir *et* matin. La nuit *et* le jour. Le cheval *et* le mulet.

t   Il s*ait*.

Le bouch*er*. Le lev*er* et le couch*er*. Abricotier armurier batelier bouvier belier cabaretier cafetier chandelier le premier dernier écolier escalier espalier fermier figuier grenadier guêpier

B

É.

er   herbier héritier jardinier levrier
papier pilier prunier ratelier
savetier tuilier voiturier chanter
danser dérober tomber sucrer
poudrer jurer nier copier châtier
estropier confier contrarier
défier épier falsifier injurier
se justifier parodier se marier
manier publier remédier relier
salarier signifier simplifier.

ers   Les bouchers les abricotiers
les beliers les bateliers les
bouviers les chandeliers les
écoliers les fermiers les savetiers
les voituriers.

ez   Le nez. Il a le nez fin. Il a
bon nez.

a   Payer j'ai payé balayer
j'ai balayé frayer. Il a frayé
le chemin. Défrayer effrayer.

a   Crayon noir. Crayonner.

E.

e   Venir tenir promener retenir
revenir le souvenir survenir.

ai   Bienfaisant faisons la paix
satisfaisant malfaisant.

œ   Œil.

eu   Le feu le jeu un peu bleu
adieu aveu cheveu Dieu épieu
fieu hébreu milieu morbleu pieu
éteuf neuf épagneul veuf seul
acteur administrateur baigneur
barguigneur balayeur blancheur
chicaneur frayeur fleur fureur
fraîcheur gâteur contradicteur
conservateur conscripteur
crayonneur rabâcheur pâleur
parfumeur payeur beurrier
feutrer meubler meugler
meurtrir neutralité peupler
aveugler.

œu   Un vœu voeu de chasteté

E.

œu œuvé un œuf un bœuf œuvre.

eû Un bon déjeûné il a jeûné meûnier.

heu Bon*heu*r mal*heu*r heureux malheureux.

eus Je v*eus* je peus.

eue La qu*eue*. La queue du chat la lieue la banlieue la demi-lieue robe bleue.

eues Les qu*eues* les lieues des robes bleues.

euf N*euf* mille.

eufs Des bas n*eufs* des souliers neufs.

œuf Un œuf frais un bœuf gras.

œufs Des œufs frais des bœufs gras.

œud Un nœud un nœud de ruban.

œuds Les nœuds.

eut Il pleut il veut il peut il meut.

eur Monsieur.

E.

eurs   Messi*eurs*.

eux   Les chev*eux* alumineux les
aveux baragouineux baveux
belliqueux les yeux bleux
boîteux cagneux crayonneux
dédaigueux défectueux fâcheux
fiévreux fongueux gâcheux
glutineux hargneux gueux
haineux heureux honteux
hideux impétueux infructueux
pâteux majestueux monstrueux
montagneux noueux peureux
respectueux pompeux rogneux
saigneux scabreux scandaleux
scrofuleux scrupuleux soigneux
squirreux teigneux tumultueux
variqueux vergogneux visqueux
vertiqueux voluptueux.

œux   Les v*œux*.

I.

i   Am*i*.

y   Tyran Yverdun Yrac Ybrahim lacrymal Bruéys stylet Itys Cotylédon Atys martyr Dictys Tydée Lycoris Psyché crystal.

ui   V*ui*dé. Lapin v*ui*dé. Vuider un flacon de vin.

î   Le d*î*né la d*î*me ab*î*mé.

ï   Naïf baïf introït Caïnan Laïs Calaïs Naïs Oïlée le Tanaïs.

hi   *Hi*bou hiver hiatus histrion hier historié hideux Spahi.

hy   *Hy*men hydromel Hypécoon hypocras Hypopion Hyrcan.

hî   Voilà le *hîc*.

is   Sour*is* agâtis ambre - gris cambouis compromis gâchis les favoris hachis indivis lambris Louis marquis panaris Paris parvis pâtis pilotis roulis

I.

is   salmigond*is* sursis torticolis vernis tapis paradis.

ys   Den*ys* pays fleur de lys.

his   Ils sont tra*his* ébahis brébis.

ie   Je pr*ie* comédie maladie mélodie perfidie psalmodie il répudie il glorifie il mystifie il putréfie il rectifie il sacrifie il sanctifie poulie jolie Natolie Emilie Julie astronomie chimie polygamie agonie acrimonie calomnie ignominie harmonie tyrannie harpie boucherie bróderie cavalerie mairie imprimerie industrie infanterie ivrognerie laiterie librairie prairie amnistie dynastie il châtie il criera il priera il suppliera.

ies   Tu pr*ies* les lubies les poulies les comédies les parodies les folies les acrimonies les perfidies

I.

ies les calomn*ies* les harpies
les armoiries les broderies
les boucheries des prairies
tu châties tu clarifies.

ient Ils pri*ent* ils amplifient
ils calomnient ils châtient
ils clarifient ils étudient
ils psalmodient ils multiplient
ils publient ils scorifient.

ïe Achaïe haïe. Elle est haïe.

ye Je m'ennu*ye* l'abbaye.

yes Tu t'ennu*yes* les abbayes.

yent Ils s'ennu*yent*.

hie Elles est tra*hie* envahie ébahie.

hies Elles sont tra*hies* envahies.

if Un apprent*if*.

ifs Les apprent*ifs*.

id Un n*id* un muid Madrid.

ids Des n*ids* des muids.

it Un l*it* acabit bandit confit
conflit contrit débit décrépit
dédit délit dépit discrédit écrit

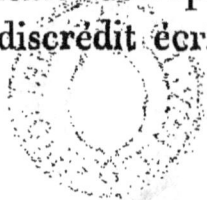

I.

it   érud*it* esprit gagne-petit habit manuscrit obit petit prétérit profit proscrit répit rescrit.

its   Les li*ts* les bandits les conflits les écrits les esprits les habits les manuscrits les proscrits.

ît   Qu'il v*ît*.

hit   Il tra*hit* il envahit il s'ébahit.

hît   Qu'il tra*hît* qu'il envahît.

ist   Jésus-Chri*st*.

il   Un bar*il* cabril émeril fournil nombril outil persil gril.

ils   Les bar*ils* les cabrils les fusils les fournils les grils les outils.

iz   Le ri*z*.

ic   Un cr*ic* (*machine*).

ics   Des crics.

ict   Un am*ict*. Un amict de fin lin.

icts   Des amicts.

ix   La perdr*ix* six mille. Le prix du bled. Dix poulets.

I,

u   Fuyez, fuyez, le mal royal
loyal voyez payer crayon.

O,

o   Bobo.

u   Triumvir duumvir méconium
opium ladanum nutritum
targum album-græcum. Veni
mecum.

ao   Apriste.

au   Vautour aubier auditeur
augural aucun austérité autorité
autour auteur austral autel
baudet baudrier cauteleux
dauber une fauchée faucon
fautif gaucher gauchir gaufrer
jaunir laurier mauvais maudit
paumier pauvreté sauf saugrenu
saupoudrer sauter sauver taudis
taupier se vautrer étau fléau

(25)

O.

au   gluau débauché baguenaudier échaudé.

eau   L'eau un veau à vau-l'eau la beauté baliveau bâtardeau bandeau barbeau bateau bluteau blaireau bureau cadeau carpeau caveau chalumeau chapeau château chevreau corbeau copeau couteau drapeau écriteau flambeau fricandeau fardeau gâteau linteau hameau lapereau niveau manteau marteau moineau panneau paonneau perdreau plateau poireau poteau rameau râteau rideau rouleau soliveau sureau tableau taureau tombeau traîneau tréteau troupeau tuileau.

oi   Oignon oignonet poignet.

on   Monsieur. Monsieur Besogne.

ô   Rôti prôné maltôtier.

O.

ho   *Horizon*   ho*chet*   ho*rion* ho*cher*   ho*che - queue*   ho*là* homologuer hoquet horizontal Hormis horreur hospitalier hospitalité Hospodar hostilité Mahomet honneur.

oh   *Oh* mon Dieu !

hau   *Hauteur haubans haubert.*

heau   *Heaumerie la heaumerie.*

hô   *Hô*tel hôpital hôtelier.

os   Les *os* clos dispos le dos il est éclos. Un gros rat. Héros propos. Le repos.

op   Le syr*op* le galop il y a trop.

ops   Les syr*ops*.

aud   Crap*aud* badaud il fait chaud clabaud courtaud échafaud grimaud lourdaud maraud nigaud noiraud pataud penaud réchaud rustaud saligaud soulaud sourdaud taraud trigaud.

                      auds

O.

auds   Les crap*auds* les badauds les courtauds les échafauds les grimauds les lourdauds les nigauds les réchauds les rustauds

ot   Un fag*ot* abricot cachot cagot camelot canot coquelicot dévot complot écot grelot jabot javelot idiot lingot manchot magot marmot matelot mélilot mulot paquebot pavot pilot pivot un pot rabot sabot sanglot tripot. Le trot d'un cheval. Un turbot.

ots   Les fag*ots* les camelots les abricots es cagots les calots les chariots les dévots les complots les grelots les haricots les lingots les javelots les marmots les matelots les mulots les pavots les pivots les sabots les sanglots les tripots les turbots.

C

O.

aut   Artich*aut* boucaut défaut il faut un héraut levraut sursaut tayaut il vaut.

auts   Les artich*auts* les défauts les hérauts les sursauts.

ôt   L'imp*ôt* le dépôt le rôt tantôt vîte et tôt. Aussi-tôt prévôt suppôt.

ôts   Les imp*ôts* les dépôts les rôts les prévôts les suppôts.

hot   Le ca*hot* d'un chariot.

hots   Les ca*hots*.

haut   Il est *haut*.

hauts   Ils sont *hauts*.

ost   Le prév*ost*.

oth   Un G*oth* un Ostrogoth.

oths   Les G*oths* les Ostrogoths.

auld   Bert*auld* Arnauld.

ault   Arn*ault* Bertault Boursault Mauricault sault.

oc   Un broc un croc du froc.

ocs   Des bro*cs* des crocs.

O.

oq   Un coq-d'Inde.

oqs   Des coqs-d'Inde.

aux   Les chevaux les bestiaux la chaux les matériaux déchaux nominaux féminaux les vitraux. Les esprits vitaux. Des truaux des signaux le taux.

eaux   Les veaux Bordeaux Meaux les caniveaux les claveaux les pareaux les carteaux.

aulx   La faulx.

U.

u   Barbu.

eu   J'ai eu. Il a eu.

û   Brûlé brûlot il est dû six louis. Vous dûtes sûreté bûcher.

eû   Nous eûmes vous eûtes.

ü   Saül Danaüs Emmaüs.

hu   Huit hucher huchet huée huer huguenot hui huileux.

C 2

U.

hu   *hu*issier   humanité   humecter
humer   humérus   humeur
humidité   humilier   humoral
humus hunier hurler aujourd'hui
Méhul.

us   Ref*us* abus abstrus chou-cabus
calus camus confus diffus les
écus inclus infus intrus jus
obtus par-dessus plus le surplus
pus reclus au surplus talus tu
dus je fus je crus.

eus   Je les ai *eus*.

ue   La r*ue* barbue berlue ciguë
une bévue coquesigrue cornue
crue grue laitue massue morue
nue recrue retenue statue une
tortue verrue la vue. Il a perdu
la vue. Il a recouvré la vue.
La paix est conclue. La calomnie
est confondue. Il remue il éternue
il s'habitue il prostitue.

ues   Les r*ues* les barbues les nues

U.

ues les cor*ue*s les grues les laitues les morues les recrues les revues les statues les tortues tu continues tu distribues tu perpétues tu prostitues tu salues tu remues.

uent Les ânes r*uent*. Ils distribuent ils diminuent ils perpétuent ils restituent ils puent ils tuent.

eue Je l'ai *eue*.

eues Je les ai *eues*.

hue Co*hue* je hue il hue.

hues Les co*hues* tu hues.

huent Ils *huent*.

ud Il est n*ud* le fruit est crud.

uds Ils sont n*uds* ils sont cruds.

ut Le trib*ut* le but le début le rut un salut le talut le scorbut un statut il comparut il but il courut il crut il déplut il secourut il survécut.

uts Les trib*uts* les buts les débuts

C 3

U.

uts   les reb*uts* les sal*uts* les stat*uts* les tal*uts*.

eut   Il *eut*.

ût   Le f*ût* d'une colonne qu'il mour*ût* qu'il cour*ût* qu'il par*ût* qu'il véc*ût*.

ûts   Les f*ûts*.

eût   Qu'il *eût* qu'il eût soin.

hut   Un Ba*hut*.

huts   Les Ba*huts*.

ust   Le f*ust*.

ul   Le c*ul*-de-lampe.

uls   Les c*uls*-de-lampe.

ux   Le fl*ux* le refl*ux*.

O U.

ou   Un cl*ou*.

ol   Un s*ol* un f*ol* le c*ol* un lic*ol*.

aou   S*aou*ler se s*aou*ler.

où   *Où* va-t-il? d'*où* vient-il ?

oû   G*oû*ter v*oû*ter j*oû*ter s*oû*ler.

O U.

aoû   *Aoû*teron.

hou   *Hou*blon houleux hourvari houer houret houri hourder houper.

ous   *Nous* vous absous dessous sous dissous j'absous je dissous.

ols   Les *sols* les fols les licols six sols.

oue   Je *joue* la boue la roue la proue il amadoue il avoue il bafoue il cloue il dénoue il dévoue il échoue il écroue il loue il rabroue il secoue il troue.

oues   Tu *joues* les joues tu avoues tu cloues tu dénoues tu échoues tu loues tu secoues tu troues les roues les toues les boues.

ouent   Ils *jouent* ils amadouent ils avouent ils bafouent ils clouent ils échouent ils écrouent ils nouent ils rabrouent ils secouent ils trouent.

O U.

houe	Je *houe* la houe.
houes	Tu *houes* les houes.
houent	Ils *houent.*
oup	Un *loup* coup. Après coup beaucoup contre-coup.
oups	Les *loups* les coups.
oud	Il *coud* il découd il moud.
ouds	Je *couds* tu couds je mouds.
out	Le *bout* le brout debout égout marabout partout surtout tout il absout il dissout.
outs	Les *bouts* les deux bouts les égouts les surtouts.
oût	Le *goût* le dégoût le coût.
oûts	Les *goûts* les coûts.
oul	Arnou*l.*
ouls	Le pou*ls.*
oûl	Il est so*ûl.*
oûls	Ils sont so*ûls.*
aoul	Il est sa*oul.*
aouls	Ils sont sa*ouls.*
ould	Arnou*ld.*

O U.

oult   Arnoult.

oug   Le joug.

oux   Les cloux courroux doux époux jaloux poux roux la toux.

houx   Le *houx.*

A N.

an   Ruban.

am   Jambon.

en   Enfant encadrer enchaîner enchanter enchérir enclaver enfiler enfermer enfer enfler enfouir engrener ennuyer enrôler ensevelir entraîner entêté entraver entretenir envenimer envahir environ fendu lenteur mendier menteur pendu pencher sentir penseur rencontrer rentier renverser sensé sensibilité sentier tendon

A N.

en   tendron tentateur ventilateur.

em   *Em*bargo embouchoir embarquer emblaver embaumer embaucheur embéguiner emboiter embrocher emmaucher s'embusquer emmener empester emmanteler empêtrer empeigne emmariner empirer empereur empiler empoigner emplir emprunter emplumer empuantir emploi s'emparer.

aen   *Caen.*

ean   *Jean.*

aon   *Laon* un faon un paon.

han   *Hangar* Ispahan hanter.

ham   La *hampe* Hambourg.

hen   Pré*hen*sion compréhension appréhension appréhender Henri.

ans   Les rub*ans* les anglicans les tenans les cabestans les cadrans les écrans les faisans les éperlans

A N.

ans   les charlat*ans* les ortolans les pélicans les romans les sultans les vétérans les milans.

ens   Les élém*ens* le bon sens les dépens les parens tu mens.

ems   Le t*ems* le beau tems.

aons   Les fa*ons* les paons.

amp   Un ch*amp* de bled un camp.

amps   Les ch*amps* les camps.

emps   Le t*emps* un contre-temps.

and   Un march*and* brigand chaland friand galand gland grand.

ands   Les march*ands* les brigands les chalands les friands les gands les galands les glands les grands.

end   Un différ*end* un révérend.

ends   Les différ*ends* les révérends.

ant   Un méch*ant* couchant avant penchant touchant tranchant abondant adjudant fondant indépendant mordant pédant prétendant répondant néant

A N.

ant fainé*ant* élégant signifiant stupéfiant calmant capitulant défiant étudiant souriant devant tremblant intempérant éclatant habitant inconstant protestant prépondérant pourtant traitant ragoûtant constituant concluant rêvant saignant chat-huant.

ants Les méch*ants* les penchants les fondants les répondants les fainéants les pédants les enfants les intempérants les intrigants les étudiants les habitants les chats-huants les constituants les ignorants les absorbants.

ent Le tal*ent* ardent confident imprudent ingrédient trident équivalent il ment turbulent violent ajustement argument bêlement alignement jument ameublement bâtiment paîment châtiment dévoîment dénoûment

ent

A N.

ent   crachem*ent* vent complément
lavement hurlement jurement
emportement vêtement arpent
instrument torrent monument
entendement avent enroûment
consentement lent département
réglement serpent agréablement
inhérent tempérament parent
content absent il se repent
paravent souvent transparent
turbulent.

ents   Les tal*ents* les confidents les
imprudents les dents les parents
les ingrédients les insolents les
arpens les torrents les absents
les contrevents les paravents les
vents.

empt   Il est ex*empt.*

empts   Ils sont ex*empts.*

ang   Le s*ang* le rang un étang.

angs   Les *rangs* les étangs.

eng   Le har*eng.*

D

A N.

engs   Les har*engs*,

anc   Un b*anc* le blanc un franc.

ancs   Les b*ancs* les blancs six francs sept francs huit francs.

I N.

in   Lap*in*.

im   *Im*pur.

en   Un chi*en* bien aérien combien comédien entretien galérien gardien grammairien historien Italien méridien le mien oratorien payen rien soutien le sien le tien vaurien,

em   Le L*em*ta.

yn   S*yn*copé syndic syndicat.

ym   T*ym*pan tympanon.

ain   La m*ain* l'airain aubain bain chapelain châtain châtelain contemporain écrivain étain marchand-forain grain hautain

IN.

ain   huit*ain* humain inhumain lendemain levain lointain nain métropolitain mondain parpain pain poulain refrain puritain riverain sain sacristain soudain souverain suzerain train vain vilain ultramontain.

aim   La *faim* un daim Antraim essaim.

ein   Le *rein* un frein chanfrein dessein serein le sein.

eim   Reims.

în   Vous *vîn*tes ils vînrent ils tînrent.

ïn   Caïn Tubalcaïn.

hin   Ca*hin*-caha.

ins   Les lap*ins* les baladins les blondins les baldaquins les boudins les burins les brodequins les festins les carabins les chemins les coquins les chevrotins

IN.

ins les escarp*ins* les échevins les éparvins les faquins les gradins les lupins les libertins les maroquins les mâtins les moulins les paladins les pantins les pélerins les ravins les tabarins les requins les robins les sequins les talapoins les traversins les trusquins.

ens Les chi*ens* les comédiens les galériens les grammairiens les gardiens les historiens les méridiens les payens les soutiens les vauriens je viens je tiens je m'abstiens je me souviens j'entretiens je maintiens je surviens.

ains Les m*ains* les bains les châtains les chapelains les châtelains les marchands-forains les grains les écrivains les humains

I N.

ains   les poulains les refrains les vilains les riverains les souverains les ultramontains.

aims   Les daims les essaims.

eins   Les reins les freins les seins les chanfreins.

int   Le quint il vint il parvint il contint il obtint il survint.

ints   Les quatre quints.

ent   Il tient il vient il s'abstient il obtient il contrevient il disconvient il entretient il maintient.

înt   Je voudrois qu'il vînt. Il faudroit qu'il se contînt. Je desirerois qu'il obtînt.

aint   Un Saint on le plaint il est craint.

aints   Les saints ils sont craints.

eint   Eteint peint le teint frais il feint il éteint il restreint il enfreint.

D 3

I N.

eints	Ils sont ét*eints* ils sont peints ses sentimens sont feints. Les réglemens sont enfreints.
ing	Le po*ing* du vieux oing.
ings	Les po*ings*.
eing	Le s*eing* le contre-seing.
eings	Les s*eings* les contre-seings.
ingt	V*ingt* mille.
ainc	Il v*ainc* il convainc.
aincs	Tu v*aincs* tu convaincs.
inct	L'inst*inct* succinct distinct.
incts	Les inst*incts*. Ils sont distincts.
inq	Cinq mille cinq cents.

O N.

on	Bonb*on*.
om	Le n*om* le prén*om* le surnom.
un	Du p*un*ch le Sund.
um	Un rh*um*b de vent.
aon	Un t*aon* saint Laon.

O N.

hon   *Hon*teux Mahon Honfleur hongre Honduras la honte.

hom   *Hom*bre le jeu de l'hombre.

hum   *Hum*bert Humbercourt.

ons   Les bonb*ons* les barbons les charbons les jambons les balcons les faucons les Gascons les dindons les bridons les frelons les bourdons les dragons les timons les Anons les canons les fripons les crampons les fleurons les boutons les esclavons les violons.

oms   Les n*oms* les prénoms.

aons   Les t*aons*.

omb   Le pl*omb*.

ombs   Les pl*ombs*.

ond   Un g*ond* un blond faire un faux-bond le fond moribond plafond il correspond rond il fond il confond

O N.

ond il se mor*ond* il répond. Il tond ses moutons.

onds Les *gonds* les blonds les fonds les furibonds les plafonds les ronds tu confonds tu te morfonds tu réponds.

ont Un *pont* amont contremont le front ils font ils diront ils viendront ils aimeront ils répondront ils voudront ils crieront ils payeront.

onts Les *ponts* les fronts les monts.

ompt Pr*ompt* ils est prompt il rompt il corrompt il interrompt.

ompts Ils sont pr*ompts*.

ong Il est *long* barlong.

ongs Ils sont *longs* barlongs.

onc Un tr*onc* un jonc.

oncs Les tr*oncs* les joncs.

U N.

un	Br*un*.
um	Le parf*um*.
eun	Il est à j*eun*.
hun	*Hun* (*nom d'un peuple*).
hum	*Hum*ble humblement.
uns	Les br*uns* les importuns les tribuns les lieux communs.
ums	Les parf*ums*.
huns	Les *Huns*.
unt	Le déf*unt* l'empr*unt*.
unts	Les déf*unts* les emprunts.

O I.

oi	La l*oi*.
oy	Fonten*oy*.
coi	Surseoir.
oî	G*oî*tre cr*oî*tre.
oé	Bo*é*te.
ois	Les p*ois* les ab*ois* alénois bois

O I.

ois   anchois   chamois   courtois discourtois minois patois putois tournois toutefois sournois je crois tu crois je bois tu bois je vois tu vois.

eois   Je surseois tu surseois.

oîs   Je croîs (*de croître*) j'accroîs.

oie   La joie charmoie la voie le foie proie la Savoie la soie il faut que je voie pour que je croie.

oies   Les joies les charmoies les proies les soies les foies les voies il faut que tu voies pour que tu croies.

oi nt   Ils voient ils déploient ils croient ils aboient ils envoient ils revoient ils renvoient.

oye   Roye Oye Camboye Croye.

oyes   Troyes.

eoie   Que je surseoie.

eoies   Que tu surseoies.

eoient   Ils surseoient qu'ils surseoient.

O I.

oid	Le fr*oid*.
oids	Les fr*oids* le poids les poids.
oit	L'endr*oit* détroit droit adroit maladroit le toit il boit il croit.
oits	Les endr*oits* les détroits les maladroits courir sur les toits.
oît	Le surcr*oît* l'accroît il croît.
oîts	Les surcr*oîts* les accroîts.
oigt	Le d*oigt*.
oigts	Les d*oigts*.
oix	La v*oix* les loix choix la poix.
o	Loyal royal royaume royauté loyauté aloyau Boyeldieu.

ARTICULATIONS.

B.

b	Bâton Nabab Joab du rob.
bb	Abbé abbesse abbaye abbatial Rabbin.

B.

bs Les Naba*bs* les robs.

be Je déro*be* Arabe crabe Érèbe syllabe scribe Polybe prohibe globe il dérobe tube j'adoube jambe limbe bombe il plombe hécatombe Albe Elbe barbe herbe proverbe verbe orbe courbe il s'embourbe fourbe tourbe.

bes Tu déro*bes* les syllabes les scribes tu prohibes les globes les tubes tu dérobes les jujubes les jambes les bombes les limbes tu plombes tu ébarbes les proverbes tu t'embourbes les herbes tu courbes.

bent Ils déro*bent* ils prohibent ils tombent ils plombent ils gobent ils embourbent ils englobent ils enjambent ils ébarbent ils courbent ils absorbent.

P.

P.

p   *P*âté.

pp   A*pp*arat apparenté appariteur apparoir appartement appas appartenant appât appauvrir appel appeau appelant appentis appétit appréhender applaudir apporter appointement apprêter apprendre appliqué approbateur approchant approfondir appui approprier appuyer opportunité supprimer suppléant supplanter supplier suppuratif supputer suppôt.

pe   Je ta*pe* je râpe il drape le pape étape crêpe guêpe il équipe il fripe OEdipe pipe tripe tulipe type il syncope il galope gaupe Europe horoscope météoroscope microscope salope syncope dupe télescope varlope jupe chaloupe

(5o)

P.

pe   cou*pe* croupe groupe étoupe loupe poupe soupe soucoupe troupe il découpe il soupe crampe estampe rampe trempe lampe il décampe il grimpe guimpe pompe trompe pulpe coulpe harpe serpe jaspe.

pes   Tu ta*pes* tu râpes les antipapes tu drapes les crêpes les guêpes les tripes les syncopes les jupes les télescopes les varlopes les chaloupes les croupes les loupes les troupes les crampes les estampes tu campes tu grimpes les lampes les guimpes les pompes les trompes les harpes les serpes.

pent   Ils ta*pent* ils drapent ils fripent ils soupent ils dupent ils rompent ils décampent ils grimpent ils trompent ils rampent ils surçoupent.

P.

ppe   Je fra*ppe* je happe il jappé la nappe il échappe il égrappe la lippe il grippe il enveloppe échoppe la huppe une houppe.

ppes   Tu fra*ppes* tu happes les nappes tu échappes tu agrippes tu enveloppes les échoppes les huppes les houppes.

ppent   Ils fra*ppent* ils happent ils échappent ils agrippent ils développent ils enveloppent.

V.

v   Pa*v*é.

f   Neu*f*ans. Un enfant de neuf ans.

w   Saint *W*ast.

ve   Je ba*ve* je brave j'emblave il se déprave il entrave il lave il grave la bave un brave un conclave un esclave une rave

E 2

V.

ve   il soulève élève une fève un rêve veuve fleuve qu'il pleuve preuve il active il enjolive qu'il souscrive affirmative grive olive convive salive solive alcove fauve chauve guimauve louve douve il trouve il approuve qu'il doive qu'il boive qu'il suive vulve verve il observe alternative.

ves   Tu baves tu braves tu te dépraves tu entraves les esclaves les raves tu enlèves tu soulèves les élèves les fèves les rêves les veuves les fleuves tu enjolives les grives les solives les alcoves les chauves-souris les douves les bêtes fauves tu trouves tu prouves tu observes les Algarves.

vent   Ils bavent ils pavent ils bravent ils gravent ils lavent ils se dépravent ils entravent

(53)

V.

vent ils emblavent ils enlèvent ils activent ils enjolivent ils souscrivent ils prouvent ils doivent ils boivent ils approuvent ils controuvent ils conservent ils observent.

F.

f — .Fanfan.

ph — *Ph*aéton Phalaris Pharaon Phanor phénomène philosophie philantrope philantropie Phidias sélénographie phlébotomie Aleph horographie polygraphie Sophie typographie.

ff — Gri*ff*on affabilité affablement affecté affermir afficher affirmer affourcher affront affubler effet effronté effectif effroi effondrer effort offenser offrir offusquer souffrir.

E 3

F.

fs   Les cani*fs* les ifs les captifs les moyens coactifs les enfans craintifs les nominatifs les ablatifs les vocatifs les impératifs les indicatifs les roboratifs les vomitifs.

fe   Je bri*fe* carafe batatafe escafe calife pontife trufe.

fes   Tu bri*fes* les carafes les escafes les califes les pontifes les trufes.

fent   Ils bri*fent* ils escafent.

phe   Je para*phe* je philosophe épigraphe épitaphe tachygraphe paragraphe apocryphe olographe typographe limitrophe strophe antistrophe historiographe catastrophe.

phes   Tu para*phes* tu philosophes les épigraphes les tachygraphes les épitaphes les historiographes les sténographes les typographes

F.

phes les hyéroglyphes les logogriphes les apostrophes les catastrophes.

phent Ils paraphent ils philosophent.

ffe J'agraffe je dégraffe je greffe chiffe griffe il bouffe il étouffe une touffe d'arbres Tartuffe.

ffes Tu agraffes tu dégraffes tu greffes des chiffes les griffes les touffes les tartuffes tu étouffes.

ffent Ils agraffent ils dégraffent ils greffent ils bouffent ils étouffent.

M.

m Ami.

mm Enflammé commandement commandé commis commodité communiquer symmétrie.

me J'aime il blâme il se pâme il diffame ame infame abstême

M.

me   apostê*me* blasphême apozême
crême carême diadême emblême
systême anonyme trirême azyme
cacochyme escrime estime
sublime synonyme victime
atôme astronome économe
baume heaume paume bitume
symptôme royaume amertume
coutume enclume il remplume
le calme la palme Anselme
le pays de Houlme alarme
vacarme épiderme ferme terme
infirme orme aériforme gourme
chiourme cataplasme pléonasme
sarcasme tenesme jansénisme
spasme aphorisme cataclysme
strabisme microcosme flegme.

mes   Tu ai*mes* tu blâmes les ames
tu diffâmes nous brûlâmes
les blasphêmes les systêmes
les crimes les victimes nous
dîmes nous feignîmes nous

M.

mes craignîmes les astronomes
les royaumes les apostumes
les enclumes nous lûmes
nous crûmes nous tînmes
nous vîmes les palmes
les alarmes les carmes les
infirmes les ormes les sarcasmes
les cataplasmes les aphorismes
les flegmes.

ment Ils aiment ils blâment
ils diffament ils impriment
ils estiment ils suppriment
ils remplument ils infirment
ils affirment.

mme J'enflamme myriagramme
femme gramme monogramme
programme oriflamme flamme
décagramme pomme homme
bonhomme rogomme dilemme
gomme somme il assomme
il chomme il nomme il renomme
il surnomme.

M.

mmes Tu enflam*mes* les femmes
six décagrammes sept grammes
cinq myriagrammes les flammes
les hommes les pommes
les sommes tu chommes
tu nommes tu sommes.

mment Ils enflam*mment* ils nomment
ils somment ils consomment.

D.

d Dindon.

de J'escala*de* je rétrograde
il persuade balustrade camarade
brigade embuscade cavalcade
cascade incartade peuplade
intermède amygdaloïde aride
guide insipide perfide intrépide
invalide Sphéroïde solide
splendide bride code commode
ode amplitude inquiétude
arctitude gratitude aptitude

D.

de habitu*de* il boude le coude la soude bande offrande immonde houppelande réprimande blinde il . fronde - je gronde Clotilde solde gourde Fulde bombarde mégarde moutarde qu'il perde corde bourde absurde Agde.

des . Tu escala*des* tu rétrogrades les brigades les camarades les cascades les muscades les Strophades tu devides les codes les inquiétudes les prudes tu boudes les coudes les bandes les offrandes les Indes les ondes tu grondes tu frondes tu soldes les bombardes les poulardes les lambourdes.

dent Ils escala*dent* ils retrogradent ils se perdent ils . devident ils boudent ils grondent ils sondent ils gardent ils tordent.

T.

t	*T*outou.
d	Gran*d* homme. Pied-à-terre.
th	*Th*alie thé théâtral théisme thême Thémis Théogonie thon théologal thériacal théorême théorie thermal thermidor athée théisme éther éthiops éthopée isthme Othon Othman rythme le mont Athos.
pt	*Pt*isane promptement exempté promptitude compté escompté.
tt	*A tt*acher attaquer atteindre atteler attendre attendrir attester attentif atténuer attiédir attractif attrait battant attraper attribuer battement batteur battu dattier s'attrister betterave bitter un cable Gratter frottoir grattoir s'attrouper.

T.

te   Il éclate il date il épate il rate
il dilate automate aromate
cravate frégate omoplate opiate
pirate savate Socrate stigmate
pâte épithète il empiète prophète
calamite chattemite émérite
hématite guérite hypocrite
marmite mérite pyrite je palpite
antidote bergamote capote dévote
échalote galiote matelote prote
il chuchote il grignote il sanglote
il tripote déroute redoute attente
détente dominante bête fringante
infante gouvernante servante
octante nonante plante septante
ma tante. La tente d'un soldat.
Coloquinte pinte quinte conte
fonte ponte tonte comte il boîte
une boîte il adapte un adepte
il opte halte carte charte marte
pancarte tarte découverte perte
alerte myrte aorte cloporte

F

T.

te cohor*te* sorte tourte acte docte il dicte chaste contraste poste il reste ziste et zeste batiste Jean-Baptiste chimiste.

tes Tu écla*tes* tu dates tu dilates les aromates les automates les pirates les savates les frégates les stigmates les épithètes les guérites les prophètes les hypocrites les marmites tu habites les antidotes les capotes tu grignotes les doutes les déroutes les détentes les contes les comtes les adeptes les Coptes les gouvernantes les cartes les pertes les myrtes les cloportes les cohortes les tourtes les actes tu dictes les fastes les journalistes les bouquinistes tu restes tu détestes.

tent Ils écla*tent* ils datent ils ratent ils dilatent ils s'entêtent ils

T.

tent habi*tent* ils héritent ils tentent ils contentent. ils grignotent ils chuchotent ils doutent ils redoutent ils content ils portent ils détestent ils restent.

the Aga*the* Polymathe Zoolithe Gammarolithe Hyppolithe un Parthe Spondylolithe la Sarthe l'Ourthe Ornitholithe la Mothe.

thes Les aga*thes* les polymathes les zoolithes les ostéolithes les rizolithes les ornitholithes les Parthes.

pte Com*pte* escompte décompte j'escompte elle est prompte.

ptes Les com*ptes* tu escomptes elles sont promptes.

ptent Ils com*ptent* ils escomptent.

tte Je gra*tte* chatte jatte natte patte bandelette alouette platte omelette banquette blanquette

(64)

T.

tte   cro*tte* dette cotelette coudrette
espagnolette fauvette fourchette
gourmette houlette mauviette
soubrette raquette serviette
trompette tablette violette
védette je regrette botte carotte
cotte épiglotte gavotte une hotte
linotte culotte butte hutte lutte
goutte.

ttes   Tu gra*ttes* les chattes les
jattes les nattes les pattes les
alouettes les omelettes les
banquettes les boulettes les
brouettes. Payer ses dettes les
mouchettes les trompettes tu
regrettes les bottes les carottes
les crottes les buttes les huttes.

ttent   Ils gra*ttent* ils promettent
ils battent ils regrettent ils
rejettent ils projettent ils
décrottent ils marmotent ils
luttent.

N.

n   *N*anan.

mn   Conda*mn*er.

gn   Si*gn*et Regnard Regnault,

nn   Do*nn*er couronner cartonner
    s'abonner cramponner bâtonner
    bourdonner braconner canonner
    se cantonner chaponner tanner
    encapuchonner emmannequiner
    détonner entonnoir déboutonner
    entonner espionner gasconner.

ne   Je gla*ne* il chicane il profane
    il trépane il plane organe
    diaphane membrane bracmane
    un âne bardane Alcmène
    amphisbène molybdène scalène
    syrène reine il emmène il aliène
    il gangrène un chêne un pêne
    albumine aubépine badine
    babine bruine calamine chopine
    chevrotine couleuvrine farine

F 3

N.

ne   crapau*dine* héroïne ratine vermine brune fortune prune rancune tribune poterne jeune.

nes   Tu gla*nes* tu chicanes tu profanes tu planes tu trépanes les membranes les ânes les platanes les patènes les reines tu aliènes tu emmènes tu gangrènes les chênes les bobines les chopines les épines les fouines les salines les dunes les prunes les tribunes.

nent   Ils gla*nent* ils chicanent ils profanent ils planent ils trépanent ils aliènent ils emmènent ils se promènent ils s'acheminent ils s'acoquinent.

nne   Je do*nne* canne paysanne il empanne étrenne indienne chienne qu'il intervienne qu'il retienne la baronne ma bonne friponne mignonne il détonne

N.

nne il griffo*nne* je questio*nne* il crayo*nne*.

nnes Tu do*nnes* les ca*nnes* les paysa*nnes* les antie*nnes* les étre*nnes* les chie*nnes* tu encapucho*nnes* tu griffo*nnes* tu questio*nnes*.

nnent Ils do*nnent* ils intervie*nnent* ils retie*nnent* ils braco*nnent* ils chanso*nnent* ils griffo*nnent*.

mne Je conda*mne* il conda*mne* Maria*mne* l'auto*mne*.

mnes Tu conda*mnes* les auto*mnes*.

mnent Ils conda*mnent*.

L.

l *L*utin.

ll A*ll*umer aller de Paris à Rome allé*g*uer Allemand allier décoller desseller emballer emmieller distiller installer.

L.

ls   Les ba*l*s les pals les régals les carnavals. Les cierges pascals.

le   J'ava*l*e je signale je détale j'égale j'empale capitale cavale cathédrale. La foi conjugale. Gale gutturale pédale sandale scandale spirale tymbale le hâle pâle e râle fidèle modèle il bèle il grêle il fèle la bile le chyle habile huile bricole cariole école pistole métropole parole il viole le rôle le contrôle un saule la gueule je brûle bascule capsule crapule crédule fistule somnambule globule boule ampoule houle épagneule voile meule toile cable diable le sable table hièble foible crible noble vignoble il s'affuble double ample ensemble humble peuple triple canaple couple ample temple rafle neffle trèfle mufle mornifle

L.

le   le souff*le* merle il enfle il gonfle
il ronfle je parle j'ourle je hurle
je règle aigle seigle bigle angle
tringle épingle ongle débacle
siècle oncle boucle.

les   Tu ava*les* tu sales tu signales
les modèles tu fêles les dactyles
tu enfiles les carioles tu violes
les gueules tu brûles les férules
les ampoules les boules les voiles
les meules les étoiles les cables
les diables les cribles les roubles
les vignobles les meubles tu
t'affubles les peuples les temples
tu gonfles tu parles tu hurles les
angles les ongles les oncles les
boucles.

lent   Ils ava*lent* ils salent ils bêlent
ils signalent ils empalent ils
pelent ils fêlent ils enfilent ils
veulent ils violent ils brûlent ils
écroulent ils voilent ils peuplent

L.

lent ils trem*blent* ils gonflent ils bouclent ils hurlent ils règlent ils sanglent.

lle J'emba*lle* j'installe intervalle halle chapelle cannelle échelle bagatelle écuelle flanelle la gravelle semelle voyelle dentelle sauterelle il annulle ville sibylle Bulle.

lles Tu emba*lles* les balles les chandelles les halles les échelles les semelles les sauterelles les villes tu distilles tu annulles les bulles.

llent Ils emba*llent* ils interpellent ils installent ils renouvellent ils distillent ils annullent.

R.

r Amou*r*.

rh *Rh*ume rhéteur enrhumé.

R,

rrh   A*rr*her.

rr   A*rr*acher arrêt arriérer, arriver arrondir abhorrer barrer enterrer fourrer rembourser serrer.

rs   Les amou*rs* je pars les pleurs les malheurs les grandeurs les splendeurs les vainqueurs les martyrs les souvenirs les zéphirs les majors les murs les jours les vautours les discours.

re   Je décla*re* fanfare guittare phare je sépare beau - père clystère porte cochère commère hémisphère frère grand-père presbytère j'adhère je tempère aire Calvaire contraire chaire demeure délire heure empire martyre aurore minotaure je restaure agriculture balayure brochure clôture enflure écriture encoignure fracture nourriture

R.

re   température bravoure mâchoire gloire croire histoire poire.

res   Tu déclares les guittares les artères les planisphères les chaires les demeures les heures les empires les satyres les poires les madrépores tu restaures les balayures les brochures les voitures.

rent   Ils déclarent ils comparent ils adhèrent ils firent ils espèrent ils tempèrent ils déchirent ils tirent ils prirent ils empirent ils adorent ils restaurent ils burent ils se turent ils eûrent ils augurent ils conjecturent.

rre   J'abhorre j'atterre j'enterre je narre je rembourre je serre simarre bécarre barre.

rres   Tu abhorres tu altères tu barres tu enterres tu fourres tu serres les barres.

rrent

R.

rrent   Ils abhor*rent* ils rembour*rent*
ils enter*rent* ils bar*rent* ils
four*rent* ils nar*rent* ils
chamar*rent*.

rrhe   J'ar*rhe* il ar*rhe*.

rrhes   Tu ar*rhes*.

rrhent   Ils ar*rhent*.

rps   Le co*rps*.

rf   Ne*rf* serf.

rfs   Les ne*rfs* les serfs.

rd   Rena*rd* bâtard dard blafard
brocard canard fard étendard
hagard gadouard lard lézard
pétard placard poignard verd
il perd abord nord sourd lourd.

rds   Les rena*rds* les bâtards les
canards les épinards les records
les étendards les poignards. Les
épis verds. Les sabords les sourds
les remords tu perds.

rt   A*rt* à part boulevart rempart
ouvert couvert le sort. Il est

R.

rt — mort. Il dort renfort transport il court il concourt il meurt.

rts — Les arts les boulevarts les remparts les couverts les forts les renforts les transports.

rg — Le bourg Ausbourg Bamberg Hambourg Cherbourg.

rgs — Les bourgs les faubourgs.

rc — Clerc Saint Marc porc frais.

rcs — Les clercs les porcs.

Y.

y — Ayeul payen.

i — Ratafia Pompéia Bastia amitié moitié pitié in-folio question chiourme talion camion pion lampion scorpion croupion bastion plébéien.

ï — Maïa païen aïeul camaïeu.

l — Péril avril babil. Un grain de mil.

Y.

ll   Bri*ll*er babiller cheviller entortiller éparpiller gaspiller fourmiller étriller fusiller griller grapiller piller habiller aiguillée ardillon billon aiguillon carillon cotillon étranguillon grillon papillon sillon pavillon postillon vermillon.

il   Cama*il* attirail bail bercail bétail corail détail mail éventail gouvernail poitrail portail travail appareil conseil réveil soleil sommeil chevreuil deuil écureuil fauteuil seuil orgueil œil fenouil.

ill   Bai*ll*er batailler brailler émailler empailler s'encanailler piailler ramailler railler bataillon travailler failli baillon médaillon moraillon haillon appareiller réveiller sommeiller bredouiller brouiller chatouiller dépouiller

Y.

ill	mou*ill*er débredouiller souiller farfouiller souillon gazouiller patrouiller.
gli	Imbro*gli*o.
hi	Ca*h*ier.
lh	Mi*lh*aud.
ilh	Ai*lh*aud.
ls	Les péri*ls*.
ils	Les cama*ils* les attira*ils* les détails les éventails les poitrails les portails les sérails les conseils les orteils les bouvreuils les chevreuils les écureuils les fauteuils.
ye	Je pa*ye* je raye j'effraye je défraye. L'eau-de-vie d'Andaye.
yes	Tu pa*yes* tu défrayes.
yent	Ils pa*yent* ils défrayent.
lle	Je bri*lle* je babille j'entortille je gaspille j'étrille je grapille je grille j'habille il pétille il pille il pointille une fille

(77)
Y.

lle   une aigui*lle* anguille charmille chenille cheville étrille coquille goupille vrille pastille vétille.

lles   Tu bri*lles* tu éparpilles tu grilles tu t'habilles les anguilles les béquilles les chevilles les vrilles les coquilles les goupilles les pastilles les aiguilles.

llent   Ils bri*llent* ils babillent ils pillent ils chevillent ils entortillent ils éparpillent ils étoupillent ils étrillent ils fusillent ils grillent ils gaspillent ils pétillent ils nasillent ils grapillent ils habillent ils tortillent.

ille   Je ba*ille* il braille il bataille. Le lait caille. J'empaille il taille il s'encanaille il travaille féraille futaille limaille médaille paille muraille j'appareille je réveille je conseille corbeille bouteille

G 3

(78)

Y.

ille   abe*ille* oreille vieille qu'il veuille feuille il brédouille il chatouille il barbouille il dérouille il souille il mouille andouille grenouille patrouille.

illes   Tu bâ*illes* tu brailles tu tailles tu empailles tu travailles les futailles les médailles les pailles les murailles tu appareilles tu réveilles tu conseilles les bouteilles les abeilles les feuilles lés corbeilles tu mouilles tu dépouilles tu débarbouilles tu dérouilles les grenouilles les patrouilles.

ille t   Ils ba*illent* ils raillent ils écaillent ils empaillent ils travaillent ils appareillent ils sommeillent ils éveillent ils débrouillent ils dérouillent ils débarbouillent ils mouillent ils éfeuillent.

Y.

Suppression de l'Y, après I.

ier Tabl*ier* baudrier calendrier
arbalêtrier bouclier chambrier
vitrier chêvrier manouvrier
coudrier épinglier lévrier plier
peuplier sanglier approprier
décrier prier hier.

G N.

gn Si*gn*al.

gne Je ga*gne* j'accompagne
je règne je baigne je saigne
j'enseigne je peigne j'aligne
j'égratigne je m'indigne je signe
je trépigne je cogne je rogne
je me renfrogne je témoigne
j'éloigne campagne montagne
châtaigne duègne enseigne
empeigne bénigne cousigne
indigne charogne ivrogne.

G N.

gnes Tu ga*gnes* tu saignes tu
enseignes tu alignes tu t'indignes
tu trépignes tu cognes tu
t'éloignes les montagnes les
châtaignes les peignes les lignes.

gnent Ils ga*gnent* ils accompagnent
ils règnent ils saignent ils
enseignent ils craignent ils
alignent ils trépignent ils cognent
ils s'indignent ils s'éloignent.

Z.

z Azur.

s Amuser abuser aiguiser baiser
apprivoiser analyser appaiser
arroser attiser autoriser briser
baptiser se blouser cautériser
croiser défriser dégoiser déguiser
déniaiser dépayser dépopulariser
dépriser désabuser dogmatiser
disposer électriser se familiariser

Z.

s écraser égriser embraser
s'humaniser fraterniser judaïser
herboriser martyriser mépriser
métamorphoser paraphraser
porphyriser régulariser asyle
temporiser tyranniser basin
biseau casaquin causeur aisé
cuisinier rusé toisé croisée risée
Elysée fusée rosée cramoisi
apostasie hérésie hydropisie
fantaisie hypocrisie frénésie
saisie phthysie comparaison
raison fauchaison fenaison maison
floraison guérison prison saison
échauffaison toison trahison
cousin ridiculiser scandaliser.

x Deux enfans. Heureux espoir.
Doux ami. Dix hommes. Six
ânes. Je veux · aller. Tu peux
espérer.

ze Gaze haze bonze il bronze
il gaze il allèze.

Z.

zes   Les ga*zes* les hazes les trapèzes les pelouzes tu bronzes tu gazes les bonzes.

zent   Ils bron*zent* ils gazent.

sé   Je ra*se* case emphase phrase périphrase antithèse hypothèse alèse chaise braise punaise baigneuse tailleuse méprise bêtise chemise église fainéantise sottise surprise métamorphose phlogose ventouse j'écrase je biaise je brise j'égrise je compose je recuse je porphyrise.

ses   Tu ra*ses* tu abuses tu aiguises tu t'amuses tu opposes tu analyses tu apprivoises tu biaises tu appaises tu brises tu croises tu autorises tu tympanises tu divises tu économises tu frises tu électrises tu fraternises tu herborises tu martyrises tu porphyrises tu tyrannises.

Z.

sent Ils ra*sent* ils apprivoisent ils abusent ils aiguisent ils biaisent ils s'amusent ils analysent ils brisent ils autorisent ils boisent ils électrisent ils tyrannisent ils herborisent ils porphyrisent.

S.

s Savon.

t Punition abjection abjuration ablution abnégation abstraction admiration action administration adoption création ampliation attraction amplification affliction audition articulation aspiration attribution augmentation pétition commotion donation conjuration nutrition inspiration légation éducation traduction précaution révolution stagnation inclination transsubstantiation stipulation.

S.

z   Rhodez.

c   Citoyen ceci ceinturier céder cédule célébrer celui-ci cène cimetière cendre censeur cession cérémonie cerisier certain cidre cervelle ciboule cicatrice cigale cigogne cigne ciseau civil civilisation cadencé déplacé glacé prononcé lycée panacée pincée ici voici durci cerveau cerneau cerceau superficie pourceau ponceau monceau morceau berceau principauté occident provincial accident accéder accès acceptation succès accidentellement succéder.

ç   Garçon arçon forçat leçon caleçon caparaçon façon glaçon limaçon hameçon maçon pinçon poinçon rançon estramaçon étançon soupçon façonné linçoir lançoir or-ça en-deça aperçu

ç

S.

ç déçu je conçois je reçois reçu.

sc *Sc*ission sceau scel scélérat scène sceptre sceptique sciure scénographie scintiller faisceau scientifique sciemment.

sç *Sç*avant sçavoir j'ai sçu je sçus.

x Au*x*erre.

tz Me*tz*. Le cardinal de Retz.

s*th* Un as*th*me asthmatique.

ss A*ss*ommer assassiner assaillir assemblée asseoir assez assignat assidu associer assurer assujétir strapassoné bassinoire bassiner basson cassé cassonade bissac bossu bosselé buisson cession casser coussin dossier gousset issue passer pousser tissu saucisson osselet moisson rosser unisson poisson nourrisson.

se Je ver*se* tarse adverse herse inverse traverse. Il pleut à verse thyrse corse course entorse il,

H

S.

se   rembour*se* anse danse la panse
il pense.

ses   Tu ver*ses* tu herses tu penses
tu traverses tu rembourses t[u]
danses les herses les anses le[s]
panses tu penses.

sent   Ils ver*sent* ils traversent il[s]
hersent ils dansent ils pensen[t]
ils remboursent.

ce   Je pla*ce* audace besace fac[e]
coriace dédicace glace grimac[e]
menace populace race trac[e]
vorace espèce nièce artific[e]
pièce avarice auspice complic[e]
frontispice hospice justice milic[e]
supplice atroce négoce sauc[e]
pouce puce il suce il balanc[e]
audience clémence ronce princ[e]
croyance il pince il grinc[e]
province annonce.

ces   Tu pla*ces* tu traces tu menace[s]
les espèces les grimaces les glac[es]

S.

ces   les artifi*ces* les pièces les nièces les auspices les délices les complices les hospices les sauces les négoces les pouces les puces tu suces tu avances tu cadences tu grinces les provinces les ronces.

cent   Ils pla*cent* ils déplacent ils sucent ils grimacent ils grincent ils balancent prononcent ils enfoncent ils dépècent ils glacent.

sse   Je cha*sse* bécasse brasse carcasse crevasse filasse masse paillasse adresse aînesse finesse foiblesse ivresse jeunesse vîtesse hardiesse esquisse lisse politesse promesse brosse housse tristesse vieillesse écrevisse secousse carrosse.

sses   Tu cha*sses* les bécasses les masses les paillasses les adresses les Russes les foiblesses les esquisses

S.

sses les écrevisses les brosses les carrosses les housses les secousses.

ssent Ils chassent ils adressent ils houssent ils toussent ils passent ils poussent ils pressent ils lissent ils adossent ils haussent ils faussent ils glissent.

sce J'acquiesce la vesce (*graine*).

sces Tu acquiesces.

scent Ils acquiescent.

J.

j Joli.

g Général géant gelée gelatine geler gémeaux généalogie gémir gentil gendarme généraliser génération générosité géographie génie gibet giberne gibier giron fragilité gisant ci-gît tergiverser incorrigibilité sauvagin.

(89)

J.

je   Que dis-*je*? que fais-je? que vois-je? qu'entends-je?

ge   Je na*ge* il mangea il range il rangea il déroge il dérogea il ronge il rongea il éponge il épongea il plonge il plongea un pigeon alliage badinage bocage assemblage cage jauge courtage échafaudage hommage cirage jambage mariage fromage pillage naufrage feuillage pâturage plumage visage collége cortége voisinage piége prodige litige vertige grabuge sacrilége siége prestige doge toge éloge déluge juge rouge il bouge orange linge singe songe geolier George.

ges   Tu na*ges* tu abrèges tu affliges tu adjuges tu dédommages tu aggrèges tu corriges tu arranges tu déloges tu décourages tu fustiges tu éponges tu gruges

H 3

J.

ges   tu te goberg*es* tu protèges tu manges tu prolonges tu proroges tu singes tu vendanges tu voyages tu transiges les alliages les orages les herbages les héritages les hommages les tiges les suffrages les piéges les sacriléges les auges les vertiges les horloges les fébrifuges tu bouges les franges les granges les mensonges les oranges.

gent   Ils na*gent* ils aggrègent ils affligent ils chargent ils dérogent ils dérangent ils égorgent ils égrugent ils jugent ils singent ils songent ils engorgent ils fustigent ils hébergent ils interrogent ils ombragent ils prolongent ils plongent ils vendangent ils transigent ils voyagent.

C H.

ch   *Cheval.*

sch   *Schisme.*

che   Je *cache* j'accroche j'affiche
il approche il arrache il attache
il bronche il crache il lèche.
Il décoche une flèche. Il écorche
il emmanche il embroche
il embouche il se fâche il épluche
il empoche il marche il empêche
il reproche il retranche
il trébuche ganache gouache
panache vache bêche pêche
mèche recherche riche chiche
corniche coche cloche roche
bûche embûche autruche
cartouche dimanche louche
Scaramouche planche clinche
éclanche tranche brèche.

ches   Tu *caches* tu accroches
tu approches tu arraches

C H.

ches tu tâ*ches* tu détaches tu marches les vaches les mèches les riches les fiches les coches les cloches les tranches les manches les mouches les cartouches les planches.

chent Ils cachent ils accrochent ils affichent ils approchent ils arrachent ils embauchent ils empêchent ils décrochent ils cherchent ils escarmouchent ils défrichent.

G.

g Galon la Guadeloupe (*la Gouadeloupe*).

gu Guenon guenille guenillon Languedoc guenuche.

c Second anecdote czar.

ch Drachme.

gg Aggraver aggravant agglutiner

G.

gg   agglutination   agglomération s'agglomérer agglutinant.

gue   Je fatigue bague dague vague bègue collègue brigue fatigue intrigue prodigue apologue dogue astrologue catalogue églogue dialogue synagogue philologue prologue fugue il subjugue fougue harangue langue bastringue seringue oblongue diphtongue il vogue.

gues   Tu fatigues les bagues les dagues les vagues les bègues les brigues les digues les fatigues les intrigues les dogues les fugues les épilogues les harangues les diphtongues les seringues tu divagues tu vogues tu prodigues.

guent   Ils fatiguent ils divaguent ils carguent ils draguent ils lèguent, ils voguent ils homologuent ils briguent ils intriguent ils

G.

guent prodi*guent* ils dialogue<u>n</u>t **ils** harangue<u>n</u>t.

G Z.

x   Exil exemple exemption exact exempté exécration exhalaison exagérer exubérance exaspérer exalter examen exécrer exécuter exhaler exiger exister exorciser exorbitant exulcérer exaction.

C.

c   *C*aporal.

qu   *Q*uerelle qualité qualification quantième quantité quarantaine le quart quarteron quartier quoi quenouille quolibet quotidien. Partie aliquote. Quotient quotité carquois souriquois.

C.

g   Sang et eau. Le rang et la fortune.

q   Co*q* quaterne quadragénaire quadragésime quart quadratrice quadrilatère quadruple équation quadrupède aquatique aquarelle loquacité équateur.

k   Kaba*k* kabin kagne kahouanne kali kouan kan Koran.

cqu   Il abe*cqu*a tu abecquas.

ck   Le Danemar*ck* Hastembeck Lubeck Yorck.

ch   *Ch*rétien chlamyde Chloris chlorose choriste le saint chrême chorographie Christ chrémeau christianisme chroniqueur chaos Moloch chronologiste chrysolite Baruch Chrysopée sépulchral.

cc   Accabler accorder accomplir acclamation accompagner accord accointance accord accommoder accoutrement   s'accoutumer

C.

co   accroire occasion accroître.

cs   Les sacs les bacs les Grecs
les lacs. Les raisins secs. Les
alambics les aspics les pronostics
les syndics les blocs les socs
les sucs les boucs.

qs   Les coqs.

que Je pi*que* maniaque ammoniaque
baraque attaque caraque claque
casaque démoniaque patraque
braque achromatique évêque
académique acétique acoustique
actiatique bique antiarthritique
alcaïque alchimique algébrique
caractéristique trique analytique
anarchique pratique ascétique
antiapoplectique cynécocratique
antinéphrétique encyclopédique
diaphragmatique exégétique
épigrammatique hiérarchique
hypothalattique hydrographique
iconographique hiéroglyphique

C.

que sciati*que* pathognomonique hydrostatique hypogastrique ichnographique ecclésiastique exotique disque monosyllabique mathématique pharmaceutique procéleusmatique mythologique métallurgique synallagmatique péripatétique brusque Étrusque épispastique typographique symptomatique aristocratique méchanique vitriolique cirque république démocratique coque équivoque breloque baïoque pendeloque colloque phoque ventriloque perruque rauque félouque banque il manque pinque il trinque quelconque quiconque remorque barque monarque tétrarque remarque il défalque catafalque.

ques Tu pi*ques* les attaques les braques les patraques

C.

ques   les claques les évêques les piques les rubriques les républiques les ventriloques les breloques les banques les perruques les pinques les félouques les conques les masques les casques les disques les Étrusques tu abdiques tu appliques tu craques tu croques tu plaques tu inculques tu manques tu suffoques tu tronques tu trafiques.

quent   Ils piquent ils abdiquent ils attaquent ils appliquent ils communiquent ils brusquent ils hypothèquent ils bloquent ils claquent ils pronostiquent ils craquent ils risquent ils troquent ils escroquent ils fabriquent ils inculquent ils marquent ils plaquent.

eque   J'abecque il abecque.

C.

cques Tu abecques Lucques Jacques.
cquent Ils abecquent.

C S.

x Fixer fixité axiome exterminer
exploit expérience taxer extirper
expédition extirpation exténuer
excrémens excoriation taxation
s'expatrier Pollux Ajax borax
index Smilax larinx Félix préfix
le Styx sixte linx sphinx.

xe Je taxe j'annexe je fixe
je vexe axe syntaxe convexe rixe
prolixe équinoxe paradoxe.

xes Tu taxes tu fixes tu annexes
tu vexes les axes les équinoxes
les rixes les paradoxes.

xent Ils taxent ils annexent.

xc Excepté exception.

I 2

G U.

gu   *Gu*i guignon guittare orgueil.

g   *G*ai énergumène gustation gustatif dégustation augure régulier figure figurer figuratif ciguë contigu aigu ambigu bégu exigu conjugaison cargaison.

Q U.

qu   *Qu*itter piquûre.

c   *C*uriosité cube cubique caisse caisson cuisse excuser excuse.

cu   *É*cueil.

ch   *Ch*iliade chirographaire chœur chiragre chirologie chiromancie.

k   *K*yrie kyrielle kermès kiastre kilogramme kilomètre kilolitre.

cqu   *A*cquérir acquisition acquit.

cc   *O*ccuper occupation accuser acculer accumuler accumulation occurrent occurrence occulte.

ccu   *A*ccueil accueillir.

EXERCICES

DE LECTURE SUIVIE.

Les proverbes sont la sagesse des nations. — On connaît l'homme par ses actions. — Mieux vaut bien faire que faire vîte. — Besogne commencée est à moitié faite. — Bon cavalier monte à toute main. — Si vous voulez faire vos affaires, allez - y. — Tant vaut l'homme, tant vaut la terre ; donnez - lui deux raies, elle vous en rendra deux ; donnez-lui en quatre, elle vous en rendra quatre. — L'œil du fermier vaut fumier. — Loin de son bien, près de sa ruine. — Il vaut mieux semer moins, et travailler mieux. — Peu, mais bien ; *pauca, sed bona.* — Vieux bœuf fait le sillon droit. — Pour que le laboureur

I 3

prospère, il faut qu'il conduise lui-
même sa charrue. — Un bon ami vaut
mieux qu'un parent. — Qui est ami
de tous, ne l'est de personne. — Les
bons comptes font les bons amis.
— Il vaut mieux être marteau qu'enclume. — Tout ce qui reluit n'est pas
or. — Rien ne ressemble plus à un
honnête-homme, qu'un frippon. — Les
yeux sont toujours enfans. — Fromage, poire et pain, repas de vilain.
— Autant dépense chiche que généreux.
— Quand le puits est sec, on connoît
la valeur de l'eau. — Un bienfait n'est
jamais perdu. — Tard donner, c'est
refuser. — Le chagrin ne paye pas
les dettes. — Aide - toi, le ciel t'ai-
dera. — A cheval hargneux, il faut
étable à part. — Comparaison n'est
pas raison. — Erreur n'est pas compte.
— Bonne parole coûte peu, et vaut
beaucoup. — Qui ne se lasse pas,
vient à bout de tout. — Pas à pas, on

</

va bien loin. — La goutte d'eau creuse le rocher. — A cœur hardi, la fortune tend la main. — Il ne faut pas jeter le manche après la coignée. — Le roi des souhaits est mort à l'hôpital. — Diligence passe science. — Il est plus doux de donner que de recevoir. — Qui ne doute de rien, ne sait rien. — Mal d'autrui ne nous touche guère. — Il n'y a pas de petit ennemi. — Qui prouve trop, ne prouve rien. — L'amour du père est le seul amour. — Haine de frères, haine de diables. — Bouche de miel, cœur de fiel. — Faute avouée est à moitié pardonnée. — La raison du plus fort est toujours la meilleure. — L'instruction est l'ornement du riche et la richesse du pauvre. — Qui se fait brebis, le loup le mange. — Le meilleur coup de dez est de n'en point jouer. — La liberté vaut mieux qu'un trésor. — Qui a compagnon a maître. — Les malheureux n'ont point d'amis. — A navire brisé, tous les vents sont contraires. — On ne doit conseiller ni la guerre ni le mariage. — Don de méchant ressemble à son maître. — Trois déménagemens valent un incendie. — Nouveau roi, nouvelle loi. — L'occasion ne se retrouve pas. — L'oisiveté est la mère de tous les vices. — Ne rien faire produit beaucoup d'affaires. — Après jeunesse oisive, vieillesse pénible. — Le paresseux est toujours pauvre. — La paresse engendre les soucis. — La rouille use plus que le travail. — Mauvais accommodement vaut mieux qu'un bon procès. — Parler sans penser, c'est tirer sans viser. — D'un seul coup, on n'abat pas un chêne. — Faute d'un clou, le fer du cheval se perd; faute de fer, on perd le cheval; faute de cheval, le cavalier lui-même est perdu. — Il faut trois sacs à un plaideur, sac d'argent, sac de papiers, sac de patience. — Quand on ne peut mordre, il ne faut pas aboyer. — Qui n'entend qu'une partie, n'entend rien. — Si tu fais mal, attends du mal. — Ne faites à personne ce que vous ne voudriez pas qu'on vous fît; faites à chacun ce que vous voudriez que l'on fît pour vous. — La mauvaise compagnie rend le bon méchant, et le méchant pire. — Il vaut mieux être seul qu'en mauvaise compagnie. — Tous songes sont mensonges. — Il n'y a de sorciers et de revenans que pour les sots.

FABLES.

Le Riche et le Savant.

Un Riche, fier de son opulence et sans craindre l'avenir, méprisoit un homme de science. La guerre réduisit le Riche à la mendicité, tandis que le

Savant fut toujours bien traité et bien reçu par-tout.

L'Ecrevisse.

Marchez droit, disoit l'Ecrevisse mère à sa fille : aller à reculons ! fi, cela n'est pas beau. Ma mère, je serois fâchée de vous contredire en rien ; je vous suivrai ; mais marchez, s'il vous plaît, la première.

Le Renard et le Corbeau.

Certain Corbeau tenoit un fromage dans son bec. Le Renard vint lui dire : Oh, que vous chantez bien ! c'est un charme de vous entendre. Le Corbeau le croit, chante et ne tient plus rien. Qui écoute les flatteurs, n'est pas sage.

La Fourmi et la Mouche.

Misérable Fourmi, disoit fièrement la Mouche ; vil animal, que le travail fera périr. Pour moi la bonne chère et le plaisir. Adieu, Mouche, dit la Fourmi; l'hiver viendra.

L'Avare qui a perdu son trésor.

Mon or est pris, crioit un Avare en fureur; mon or que je conservois plus précieusement que ma vie; jamais je n'y touchois. Eh bien! lui dit un passant, ramassez quelques coquilles; elles vous vaudront tout autant.

La Fourmi et la Cigale.

Fourmi, dit la Cigale affamée, hélas! un peu de graine! Je n'ai rien, et l'hiver est si long à passer. Qu'as-tu donc fait l'été? lui demande la Fourmi. J'ai chanté dans la plaine. Eh bien! va maintenant y danser.

Les Voyageurs et le Trésor. Fable.

Au tems d'Isa, trois hommes voyageoient ensemble. Chemin faisant, ils trouvèrent un Trésor ; ils étoient bien contens. Ils continuèrent de marcher ; mais ils sentirent la fatigue et la faim, et l'un d'eux dit aux autres : Il faudroit avoir à manger ; qui est-ce qui ira en chercher ? Moi, répondit l'un d'entre eux. Il part, il achète des mets. Après les avoir achetés, il pensa que s'il les empoisonnoit, ses compagnons de voyage en mourroient, et que le Trésor lui resteroit ; et il les empoisonna. Cependant les deux autres avoient résolu, dans son absence, de le tuer, et de partager le Trésor entr'eux ; il arriva, ils le tuèrent. Ils mangèrent des mets qu'il avoit apportés ; ils moururent tous les trois, et le Trésor n'appartint à personne.

Fin de la seconde Partie.

HISTOIRE

DU

PETIT JACQUES.

S.

www.ingramcontent.com/pod-product-compliance
Lightning Source LLC
Chambersburg PA
CBHW052047270326
41931CB00012B/2665